Reinhard Körner

Ein Lebensstil mit Zukunft

Von innen her und einfach nur menschlich

Reinhard Körner

Ein Lebensstil mit Zukunft

Von innen her und einfach nur menschlich

benno

Bibliografische Information
der Deutschen Nationalbibliothek
Die Deutsche Nationalbibliothek verzeichnet diese Publikation in der Deutschen Nationalbibliografie; detaillierte bibliografische Daten sind im Internet über http://dnb.d-nb.de abrufbar.

Besuchen Sie uns im Internet:
www.st-benno.de

Gern informieren wir Sie unverbindlich und aktuell auch in unserem Newsletter zum Verlagsprogramm, zu Neuerscheinungen und Aktionen. Einfach anmelden unter www.vivat.de.

ISBN 978-3-7462-6600-8

Umschlag: Ulrike Vetter, Leipzig
Gesamtherstellung: Kontext, Dresden (B)

Einfach nur menschlich

Zwei Ereignisse gehören zu jeder Lebensgeschichte: die Geburt und das Sterben. Dazwischen liegt ein Weg. Den gehen wir gerade. Und ganz gleich, wie jung oder alt wir jetzt sind: Einen Teil davon haben wir hinter uns, einen Teil noch vor uns.

In meinem Fall liegt die längste Strecke hinter mir. Demnächst jährt sich der Tag meiner Geburt zum 73. Mal. Im Laufe dieser vielen Jahre habe ich zu einem Lebensstil gefunden, den ich auf der nächsten Wegstrecke beibehalten möchte. Auch wenn ich ihm nicht immer gerecht werde – so will ich leben, bis ich sterbe; und so will ich sterben. Man kann ihn „spirituell", „kontemplativ" oder auch „mystisch" nennen – in meinem Empfinden ist er einfach nur *menschlich*. Zigtausende schon haben so gelebt, Menschen von unterschiedlichstem Beruf und Stand, und Tausende leben heute so, nicht nur Klosterleute wie ich und nicht nur Religionszugehörige. Diesen Lebensstil möchte ich hier beschreiben, kurz und knapp nur, und damit dazu beitragen, dass noch ein paar mehr Menschen den Wunsch in sich entdecken, ihren Lebensweg auf diese Art (weiter) zu gehen.

Ich widme das Büchlein den atheistischen, konfessionslosen und christlichen Weggefährten im *Jenaer Freundeskreis*, die so zu leben versuchen, zum 30. Jahrestag unseres gemeinsamen Unterwegsseins. Menschen wie sie sind so wichtig, gerade heute – für die Zukunft unserer Welt.

Karmelitenkloster Birkenwerder,
im Advent 2023

Reinhard Körner

Inhalt

1. „Ich bin ja da!“

Wenn wir einen Lebenslauf schreiben, zum Beispiel für die Bewerbung um eine Arbeitsstelle, beginnen wir mit dem Geburtsdatum. Doch wir kennen es eigentlich nur durch andere. Was wir selbst kennen, ist das Ergebnis unserer Geburt: die Tatsache, dass wir da sind. Sie wurde uns später erst bewusst, irgendwann im Laufe des Lebens, oft lange nachdem wir mit etwa zweieinhalb Jahren „ich“ zu sagen gelernt hatten.

„Der Mensch findet sich im Dasein vor“ heißt es in der Philosophie, und diese Erfahrung ist nicht in jedem Fall beglückend.

Deshalb brauchen wir so etwas wie eine *zweite Geburtsurkunde*: die Bestätigung, dass wir willkommen sind im Leben – dass *ich* willkommen bin, ich, so wie ich innerlich und äußerlich bin.

Manche von uns bekamen sie schon im Leib ihrer Mutter und in der Wiege ausgestellt, in ihre Seele hineingeschrieben durch Liebe und Zuwendung, gut lesbar für sie selbst und ihre Mitwelt bis heute. Andere dagegen warteten damals vergebens darauf, und das bleibt tief eingeprägt in ihre Seele – ein Leben lang.

Wohl die meisten erhielten sie mit dem Vermerk: „Unter der Bedingung, dass du …". Und so fragen sie, gleichfalls ihr Leben lang und in der Regel sich dessen gar nicht bewusst: Was kann ich, ja was muss ich tun, um anderen recht zu sein – der Mutter, dem Vater, den Freunden, den Lehrern, dem Chef, der Lebenspartnerin …? Sie leben unter stetigem Leistungsdruck, immer darum bemüht, Anerkennung zu finden und zwischen sich und den anderen Harmonie zu spüren. Die Folge: Sie werden mehr gelebt, als dass sie leben – und werden nie wirklich sie selbst.

Wie auch immer es um unsere „zweite Geburtsurkunde" steht – eine Frage könnte für uns alle hilfreich sein. Sie lautet: *Wie kommt es eigentlich, dass ich da bin – und nicht nicht da bin?*

Vom Verstand und vom heutigen Allgemeinwissen her gibt es darauf eine plausible Antwort: Ich bin da, weil mein Vater und meine Mutter zu einer bestimmten Stunde beieinander waren und die eine Samenzelle – zufällig die eine unter den Millionen anderer Samenzellen – in diesem Moment auf die gerade fruchtbare Eizelle traf. Selbst wenn es gar nicht gewollt gewesen wäre, ich also ein „Unfall“ wäre: Deshalb bin ich da! Ich, einmalig ich. Und selbst wenn auch die biologische Evolution auf unserem Planeten, die die Zeugung durch meine Eltern ja erst möglich machte, nichts als ein Zufall, eine Laune des Universums wäre: Ich bin da! Ich.

Eventuell gerate ich, wenn ich darüber einmal in Ruhe nachdenke, in ein so noch nie erlebtes Staunen: *Na eben, ich bin ja da!*

Mit diesem Staunen beginnt der Lebensstil, den ich meine.

Im religiösen Judentum werden *drei* Partner aufgezählt, die an der Geburt eines Menschen beteiligt sind: die Mutter, der Vater und Gott. Meines Erachtens ein ebenso bedenkenswerter Gedanke ...

Gefragt wurde ich jedenfalls nicht, ob ich da sein will. Dazu beigetragen, dass ich da bin, habe ich auch nichts. Das Leben ist mir *gegeben*. Ich *verdanke* mein Dasein. Aber – wem?

Ich kann mich entscheiden: dem Zufall – oder dem dritten Partner. *Wenn* diesem Dritten, dann freilich nur einem, der die Bezeichnung „Gott" auch verdient. Und das kann nur die Wirklichkeit sein, die größer ist und anders ist als alles, was da ist, und die alles, was da ist, ins Dasein setzte – auch die Erde, die Leben hervorbringen kann und eines Tages dann durch meine Mutter und meinen Vater *mich* hervorbringen konnte.

Gesetzt den Fall, es gibt diesen Gott: Dann bin ich gewollt – gewollt und im Leben willkommen geheißen von höchster Stelle! Selbst wenn meine Mutter und mein Vater mich nicht gewollt hätten. Dann geht es in Ordnung, dass ich da bin: ich als der konkrete Mensch, der ich bin. Und wenn dieser Gott mindestens solche Charaktereigenschaften hat, wie der Jude Jesus von Nazaret sie auf menschliche Art hatte, dann gilt die Bestätigung, dass ich willkommen bin im Leben, *bedingungslos* – mir wie auch, so die Bibel, „allen, die nicht [nur] aus dem Willen des Fleisches, nicht [nur] aus dem Willen des Mannes, sondern aus Gott geboren sind“ (Johannesevangelium 1,13).

Unseren Geburtstag sollten wir *feiern*. Jahr für Jahr. Ganz gleich, ob wir christlich, andersreligiös, religionsfrei oder atheistisch leben und denken. Und wenigstens an diesem Tag sollten wir uns fragen, am besten gleich nach dem Aufwachen: *Wie kommt es eigentlich, dass ich da bin – und nicht nicht da bin?* Oder wenn nicht am Geburtstag, dann sonst irgendwann in einem stillen Moment, bevor sich wieder das Gedankenkarussell um das alltägliche Funktionierenmüssen dreht. Denn das Bewusstsein, dass ich mein Dasein *verdanke* – wem auch immer –, macht etwas mit mir; und mit meinem Lebensstil.

Religiös orientierte Menschen könnten sich dabei auch der *Geburts-Ur-Kunde* vergewissern, die der Bibel nach *jedem* Menschen gilt, unauslöschlich von Gott in die Seele geschrieben schon vor aller Zeit: „Mein Sohn, meine Tochter bist du. Ich selber habe dich heute gezeugt“ (Psalm 2,7).

Ich persönlich bin mir der Existenz Gottes gewiss und gerate dann erst recht ins Staunen: *Na eben, ich bin ja da!* – und auch das macht etwas mit meiner Seele.

2. Von innen her leben

Wir haben ein *Inneres*. Man kann auch Bewusstsein dazu sagen oder Seele oder Geist. Genau genommen „haben“ wir es nicht, wir *sind* es. So, wie wir auch unser Körper sind. Wir sind beides, Körper und Geist, Äußeres und Inneres, und als beides zusammen sind wir der jeweils konkrete Mensch.

Der Lebensstil, den ich meine, hat mit dem ganzen Menschen zu tun, mit seinem Äußeren und seinem Inneren, genauer gesagt: mit seinen äußeren, also körperlichen Fähigkeiten und mit seinen inneren Fähigkeiten. Beschreiben möchte ich hier aber vor allem die inneren, denn die sind ausschlaggebend für unseren – wie auch immer praktizierten – Lebensstil; mehr jedenfalls als die äußeren. Wir leben und handeln, ob es uns bewusst ist oder nicht, von innen her.

Zu den Fähigkeiten, mit denen wir innerlich begabt sind, werden heute hauptsächlich drei gezählt: die *ratio-*

nale Intelligenz, die *emotionale Intelligenz* und die *soziale Intelligenz*. Das Wort „Intelligenz" bedeutet in diesem Zusammenhang so viel wie Begabung, Befähigung. Gemeint sind unsere Begabungen zum *Denken*, zum *Fühlen* und zum *In-Beziehung-Treten*.

Es geht dabei nicht um drei voneinander getrennte Bereiche; das Denken, das Fühlen und das In-Beziehung-Treten greifen ineinander – jedenfalls sollte es so sein. Ein „reiner Kopfmensch" kann zwar gut analysieren und vielleicht haarscharf denken und kombinieren, aber wenn er die Fähigkeit zum Fühlen und Empfinden zu wenig entwickelt, wirkt alles, was er sagt und tut, verkopft und kühl. Die „reinen Gefühlsmenschen" dagegen ertrinken in ihren Emotionen oder überfluten andere mit ihren Gefühlen. Und wenn das Denken und Fühlen nicht mit dem In-Beziehung-Treten in eins geht, kreist der Mensch um sich selbst, wird egozentriert, gerät in Vereinsamung oder wird gar zum Narzissten. – Nur in dem Maß, wie alle drei Begabungen zusammenwirken, kann menschliches und mitmenschliches Leben gelingen.

Unsere Vorfahren würden uns sagen, wir müssten in die Aufzählung der inneren Grundfähigkeiten noch die *spirituelle Intelligenz* mit hineinnehmen. „Spirituell" lebt ein Mensch, der sich in seinem Denken, Fühlen und Sozialverhalten von einem bestimmten Geist (lateinisch: spiritus), von ethischen Werten und weltanschaulichen Idealen leiten lässt. „Spiritualität" war einst ein christliches Wort. Heute wird es auch ganz allgemein, im religions- und weltanschauungsübergreifenden Sinne, als „Geistigkeit", als leitendes geistiges Gedankengut verstanden.

Eine weitere Grundfähigkeit, so würden uns die Alten sagen, ist die *mystische Intelligenz*. „Mystisch" mag zwar heute etwas „mysteriös" klingen, und bei dem Wort „Mystiker" denkt man vielleicht an einen „religiösen Überflieger" oder gar an einen Menschen, der einen „sechsten Sinn" für Außergewöhnliches und Parapsychisches hat. Doch das aus dem Altgriechischen stammende Wort bedeutet einfach nur so viel wie „tiefinnerlich". Gemeint ist eine Fähigkeit, die ebenfalls jedem Menschen gegeben ist: nämlich in der Tiefe seines Wesens auch eine Wirklichkeit ahnen, ja „spüren" zu können, die größer und anders ist als alles, was es im Universum – oder im „Multiversum" – gibt und geben könnte. Letztlich geht es dabei um die Fähigkeit, die Wirklichkeit erahnen und erspüren zu können, die sich hinter der Vokabel „Gott" verbirgt.

Alle diese Grundfähigkeiten können „von ganz allein" aktiv werden; sie *geschehen* einfach in uns, meist als Reaktion auf äußerlich Erlebtes oder innerlich Erfahrenes. Wir können sie aber auch bewusst in Gang setzen und gebrauchen. Begabungen muss man deshalb pflegen und entwickeln, üben und trainieren, die seelisch-geistigen ebenso wie die körperlichen. Und das ein Leben lang. Nur so erlangt Intelligenz die für den Weg durchs Leben nötige *Kompetenz*. Sprichwörter wie „Übung macht den Meister“ oder „Wer rastet, der rostet“ gelten auch für unser inneres Leben.

Die Fähigkeit, sie in Gang zu setzen und zu gebrauchen, nennen wir *Wille*. Wir haben grundsätzlich einen *freien* Willen, doch die Erfahrung lehrt – und hirnphysiologische Forschungen bestätigen es heute –, dass wir in der Regel das wollen, was uns als das Wichtigste, Kostbarste und Erstrebenswerteste erscheint. Wir handeln also frei, aber nicht voraussetzungslos: Was wir wahrnehmen, denken und fühlen, motiviert (zu Deutsch: bewegt) und lenkt unseren Willen.

Der Lebensstil, den ich hier beschreibe, besteht darin, *jede* dieser inneren Grundfähigkeiten bewusst und willentlich zu benutzen – jede *ganz* und jede *integriert* in die anderen. So erst schöpft der Mensch aus, was in ihm steckt. So erst lebe ich menschlich, nicht blind nur der Herde und den augenblicklichen Bedürfnissen folgend. Und so erst wird mein Leben mitmenschlich.

Unser Inneres – mit allen seinen Fähigkeiten – wird dann zu unserem „Herzen“, zur „inneren Mitte“ und zum Ausgangspunkt für unser äußeres Handeln: für alles, was wir nach außen hin sagen und tun.

3. Wahrnehmen – und für wahr nehmen, was wahr ist

„Ich denke, also bin ich“, sagt ein berühmt gewordenes Philosophenwort. Ohne Frage: Ich kann mich wahrnehmen. Es gibt mich also. Ich bin da – ganz gleich, welche Vorgänge im Gehirn mein Ich-Bewusstsein möglich machen.

Und es gibt nicht nur mich, außer mir ist noch anderes und sind noch andere da. Das nehme ich über die fünf Sinne wahr, über die „Fenster“ meines Inneren nach draußen – wenn auch ihr Sichtfeld begrenzt ist und sie sich obendrein noch täuschen können. Vieles ist freilich nur mittels ihrer technischen Verlängerungen wahrnehmbar, vom Mikroskop und Teleskop bis zum Funk- und WLAN-Empfänger. Das meiste wird unserer Wahrnehmung wohl für immer verborgen bleiben.

Jedenfalls sind wir Menschen mit *rationaler Intelligenz* begabt, und zu ihr gehören die *Vernunft* und der *Verstand*.

Mit der Vernunft *vernehmen* wir, was wir wahrnehmen, und mit dem Verstand durchdenken wir es, um es zu *verstehen*. Beide Fähigkeiten gleichermaßen benutzen zu können, intensiver als jedes andere Lebewesen, macht unser Menschsein aus.

Wenn wir *vernehmen*, was uns wahrzunehmen möglich ist – jedes uns zugängliche „Phänomen“, sagen die Philosophen –, und dann das, was wir vernommen haben, zu *verstehen* versuchen, es prüfen, ob es wahr ist oder zumindest wahr sein könnte, es in Beziehung setzen zueinander und zu dem, was wir bereits kennen, gewinnen wir Erkenntnisse und Einsichten, auf die wir uns verlassen dürfen und mit denen wir unsere Welt gestalten können.

Aber nicht nur „draußen“, *auch im Inneren* ist noch anderes da als nur mein Ich. Auch das kann die Vernunft vernehmen, und der Verstand kann daraus seine Schlussfolgerungen ziehen.

Da ist das *Gedächtnis*, der reichhaltige „Speicher“ an Gelerntem, Erlebtem und Erfahrenem. Nicht alles, aber vieles davon lässt sich in Erinnerung rufen, sodass wir es mit einbeziehen können in unser jeweils aktuelles Vernehmen und Durchdenken.

Da sind die *Gefühle*. Wir haben zwar oftmals keine angemessenen Worte für sie, aber sie haben uns Wichtiges zu sagen, und sie sind es, die unseren Willen am stärksten zum Handeln bewegen. Wir sollten sie deshalb genauso aufmerksam wahrnehmen wie das, was von außen kommt, sie mit dem Verstand prüfen, sie in unsere Überlegungen mit einbeziehen und dann für unser Planen, Handeln und Verhalten fruchtbar machen. Auch das „Bauchgefühl" ist es wert, beachtet zu werden.

Da ist das *Gewissen*, diese „innere Stimme", die uns zumindest pauschal und grundsätzlich mahnt, das Gute zu tun und das Böse zu lassen. Ein „reines Gewissen" hat ein Leben lang wohl nur, wer es nie benutzt.

Da sind die spontanen *Einfälle*, die Gedankenblitze und die „Eingebungen". Wie auch immer sie entstehen: Sie scheinen nicht *von* uns, sondern *zu* uns zu kommen. Gerade auch sie wollen vernommen werden. Sie sind oft die entscheidenden „Inspirationen" für ein bedachtes und kreatives Handeln.

Und da ist das, was unsere Vorfahren die *mystische Erfahrung* nannten: ein Ahnen, ja ein Gewiss-Sein, das aus der „tiefsten Stelle" unseres Inneren in unser Bewusstsein aufsteigt und uns leise und wortlos sagt: Es gibt mehr hinter allem, was es gibt: eine Wirklichkeit, die nicht Teil des Universums sein kann, sondern Grund und Ursache sein muss für alles, was da ist ...

Auch diese *erahnte* Wirklichkeit, die seit gut zweieinhalb Jahrtausenden Menschen mehrerer Religionen „Gott" nennen, gilt es zu vernehmen. Aus dem Bewusstsein schaffen lässt sie sich, ist sie im Tiefinnersten erst einmal erwacht, ohnehin nicht.

Setzt sich der Verstand unvoreingenommen damit auseinander, wird ihm die tatsächliche Existenz dieser Wirklichkeit als logisch erscheinen, ja als geradezu notwendig; das sagen auch große Denker und Naturwissenschaftler von Aristoteles über Blaise Pascal und Albert Einstein bis hin zu Harald Lesch. Und doch kann sie weder *als existent* noch *als nicht existent* bewiesen werden. Denn sie besteht aus nichts, was den Sinnen zugänglich ist, und ist somit nicht experimentell und instrumentell nachweisbar. Ich kann auf die eine wie auf die andere Möglichkeit nur *setzen*, in freier Entscheidung und im Respekt vor den Menschen, die sich in diesem Punkt anders entscheiden als ich. Aber setzen muss ich wohl, will ich nicht das Innerste meines Ichs von mir abspalten.

Vernunft und Verstand zu gebrauchen, ist gar nicht so leicht. Es kostet Mühe. Einfacher ist es, nur das an sich heranzulassen, was keine Veränderung im Denken und Tun erforderlich macht. Obwohl uns heute eine noch nie zuvor dagewesene Fülle an Wissen, Informationsquellen und Beurteilungskriterien zur Verfügung steht, ist die Zahl der Menschen groß, die lieber auf Stammtisch-Art denken und urteilen, als geistig wach und beweglich zu bleiben – in Bezug auf alle Lebensbereiche, von der Politik bis zur Religion. Die erschreckend weitverbreitete Anfälligkeit für Fake-News und Verschwörungstheorien, auch bei Menschen mit hohem Bildungsniveau, und die nicht weniger verbreitete Anfälligkeit für alles Abergläubische und Irrationale, auch in der Kirche und in den Religionsgemeinschaften, sind nicht zuerst auf Mangel an Wissen, sondern vor allem auf mangelnde *Kompetenz* im Gebrauch der rationalen Intelligenz zurückzuführen.

Deshalb ist gerade heute ein Lebensstil nötig, zu dem es dazugehört, *alles* wahrzunehmen, was sich unserer Vernunft zeigt, von außen wie von innen, aber nur das für *wahr* zu nehmen, was wahr *ist* – und was wahr sein *könnte*, um dann danach zu *suchen*, ob es sich als wahr *erweist*.

Ein solcher Lebensstil wird wohl nie zum Lebensstil aller werden, aber er wird Zukunft haben, ja Zukunft haben müssen angesichts der zunehmenden Herausforderungen – nicht zuletzt auch durch die von Menschen erschaffene künstliche Intelligenz.

4. Fühlen – und sich einfühlen

Gefühle machen einen wesentlichen Teil unseres Inneren aus. Ob als kurzzeitige Reaktion auf gerade Erlebtes oder als länger anhaltende Stimmung: Irgendein Gefühl haben wir immer. Mal fühlen wir uns froh und frei, mal eher niedergeschlagen und bedrückt. Und immer haben unsere Gefühle Einfluss auf unser Verhalten und Handeln – auf unseren inneren und äußeren Lebensstil.

Die Fähigkeit zu fühlen und zu empfinden, Gefühle zuzulassen und Gefühle nach außen hin zu zeigen – die *emotionale Intelligenz* – ist von Mensch zu Mensch unterschiedlich ausgeprägt. Es gibt die feinfühligen und die weniger feinfühligen Menschen; ganz und gar gefühllose gibt es nicht, nur solche, die ihre Gefühle nicht zeigen oder verdrängen.

Meine emotionale Intelligenz ist, wie sie ist. Und sie darf sein, wie sie ist. Angemessen damit umzugehen ist möglich, wenn sie mit meiner rationalen Intelligenz zusammengeht, wenn ich also auch meine Gefühle mit der Vernunft wahrnehme, bewusst hinhöre, was sie mir sagen, und sie mit dem Verstand zu verstehen versuche.

Jedes Gefühl hat eine wichtige Funktion. So ist etwa die *Angst* eine Art „Alarmanlage“: Sie meldet sich, wenn wir Gefahr wittern. Vernunft und Verstand können dann hinschauen, worin die Gefahr besteht, und nach Wegen suchen, ihr zu begegnen. Tun sie es nicht, bleibt die Angst ein diffuses Gefühl, das zu einer dauerhaften Grundstimmung, bis hin zur Angst vor der Angst, werden und großen Schaden an Leib und Seele anrichten kann.

Oder die *Traurigkeit*: Dieser Gefühlszustand tritt ein, wenn wir etwas verloren haben, das uns wichtig und kostbar war. Mit dem Verstand sollte ich mich dann fragen: *Was* ist mir verloren gegangen? Was *fehlt* mir jetzt? Oder – wer? Vielleicht kann ich dann das Verlorene unter neuen Bedingungen zurückgewinnen. Eventuell ist aber auch *Loslassen* dran. Bleibe ich auf den *Verlust* fixiert, dann kann es sein, dass ich, meist unbewusst, das Wiedererlangen des Verlorengegangenen zum Mittelpunkt meines ganzen Denkens mache und zum Hauptziel all meines Tuns; erreiche ich dieses Ziel nicht, wird aus Traurigkeit Frustration, Neid, Pessimismus, eventuell sogar lähmende Depression.

Wut und Zorn empfinden wir, wenn uns – uns selbst oder anderen – ein Unrecht angetan wird. Es sind grundsätzlich positive Gefühlsregungen, die es uns möglich machen, alle Kräfte zu mobilisieren, um gegen Ungerechtigkeit und Bosheit anzugehen. Ohne Vernunft und Verstand können sie sich jedoch in blinde Aggression und in Hass verwandeln, gerichtet gegen uns selbst oder gegen andere.

Schuldgefühle können lähmen und niederdrücken. Werden sie mit Vernunft und Verstand angeschaut, können sie sich als berechtigt, aber auch als unberechtigt erweisen. Wird tatsächliche Schuld ehrlich eingestanden, öffnen sich Wege zur Wiedergutmachung, zur Vergebung und zu einem Neuanfang.

Selbst das *„Bauchgefühl"* sollten wir, wie gesagt, nicht übergehen. Nur muss auch dieses noch unbestimmte Gespür geprüft und mit der Realität abgeglichen werden.

Freude und Heiterkeit entspringen der Dankbarkeit, machen fähig zum Humor und sind die Voraussetzung für gelingende Beziehungen, für Lebensmut, Freude am Lernen und Unternehmungsgeist.

Um welche Gefühle es sich auch handelt, immer hat unser Fühlen Einfluss auf unser Denken und unser Denken Einfluss auf unser Fühlen. Das Zusammenspiel von beidem macht unser Inneres zu einem Herzen, das *menschlich* ist.

Das Fühlen kann auch auf andere Menschen gerichtet werden. Wir können mit anderen *mitfühlen* und uns in andere *einfühlen*. Beide Fähigkeiten werden heute *Empathie* genannt, doch sie sind nicht ein und dasselbe.

Mitgefühl haben heißt: Freude und Leid des anderen wahrnehmen und mit dem Verstand fragen, ob und wie ich ihm helfen kann, gegen sein Leid anzugehen oder ihm darin wenigstens beizustehen. Und: Wer mitfühlen kann, wird sich auch mit dem anderen mitfreuen können.

Einfühlung heißt: den anderen *selbst* wahrnehmen, nicht nur sein Äußeres und wie es ihm gerade geht, sondern auch *seine innere Persönlichkeit*; also sich hineinfühlen – nicht nur hineindenken – in den anderen mit der Frage: Wer bist du *in deinem Herzen*, wenn du das und das sagst, das und das tust, dich so und so verhältst und so und so reagierst? – Empathie in diesem zweifachen Sinne ist Ausdruck *sozialer*

Intelligenz. Mitgefühl und Einfühlung machen unser Inneres zu einem Herzen, das *mitmenschlich* ist.

Ein Lebensstil, der die rationale, die emotionale und die soziale Intelligenz gleichermaßen nutzt und pflegt, braucht Momente der Stille. Möglichst jeden Tag. Man muss „bei sich selbst sein" können, um ganz „bei der Sache" sein zu können und ganz beim anderen.

Gerade in einer Lebenswelt, die von Leistungsdruck und pausenlosem Funktionierenmüssen geprägt ist, sind solche Momente – mag man sie nun „Meditation", „Besinnungszeit", „Auszeit" oder einfach „Zeit zum Nachdenken" nennen – so wichtig, damit man sich nicht selbst verliert und nicht aneinander vorbeilebt.

5. Sich von Weisheit leiten lassen

Unser Inneres braucht so etwas wie den Polarstern, der den Seefahrern früherer Generationen als Navigationshilfe diente: etwas, woran Vernunft, Verstand und Gefühle – und letztlich auch der Wille – sich orientieren können auf der Lebensfahrt zwischen Geburt und Sterben. Ohne einen solchen Orientierungspunkt treiben uns die Wellen hin und her, die innerlichen und die äußerlichen.

In den alten Menschheitskulturen nannte man diesen geistigen Polarstern *Weisheit* – ein Wort, das im Deutschen von „weisen" kommt, also „hinweisen", „die Richtung weisen" meint. Weisheit ist nicht etwas, was wir haben, sondern etwas, was auf uns zukommt. Wir finden sie in allem, was uns die Richtung zum Guten, zum Menschlichen und Mitmenschlichen „weist": in den *Lebensweisheiten* vor allem, die uns zum Beispiel in Gesprächen mit anderen oder aus Büchern, aus der Kunst und der Musik entgegenkommen, auch in uralten Einsichten, die noch heute Orientierung geben können.

Das bewusste Achten darauf, das *Hören auf Weisheit mit den Ohren des Herzens*, wird seit der Frühzeit des Christentums *Kontemplation* genannt; „kontemplativ“ lebt ein Mensch, der „hört“, bevor er redet, urteilt und handelt – und dadurch den „Polarstern“ nicht aus dem Blick verliert auf seiner Lebensfahrt.

Unter den Lebensweisheiten, die aus der Erfahrung vieler Menschen gewonnen und dann weitergegeben wurden über die Generationen hin, sind es vor allem drei *Grund*-Weisheiten, die noch heute als „Navigationshilfe“ dienen können:

(1.) *Unsere Umwelt ist unsere Mitwelt, auch wir gehören zu ihr und können nur leben – und überleben –, wenn wir sie achten*. Das ist die erste unter den drei Grundweisheiten. Verlieren wir den

Blick auf diesen „Polarstern", verlieren wir nicht nur die Orientierung, sondern können nur noch kentern.

Es genügt deshalb nicht, dass wir uns für die Umwelt engagieren. Die *Um*-Welt muss zu unserer *Mit*-Welt werden. Erst diese Einstellung verhindert, dass wir die Lebensgrundlagen auf unserer Erde zerstören und sie während unserer kleinen Lebensspanne zwischen Geburt und Sterben denen wegnehmen, die nach uns auf derselben Erde leben werden.

Aber nicht nur das. Diese Weisheit schützt uns auch vor der Illusion, das Ich sei der Mittelpunkt der Welt. Sie ist das wirkungsvollste Heilmittel gegen alles egozentrierte Denken mit all seinen bösen Folgen für die Mitwelt – und auch für uns selbst.

(2.) *Jeder andere Mensch ist meinesgleichen*. Aus dieser zweiten Grundweisheit entstand die „Goldene Regel" für das mitmenschliche Verhalten. Wir kennen sie als Sprichwort: „Was du nicht willst, das man dir tu, das füg auch keinem andern zu!“ Nehme ich wirklich für wahr, dass der andere ein Mensch ist wie ich, sagt sie zugleich, ins Positive gewendet: „Behandle den anderen so, wie du von ihm behandelt werden möchtest!“ Aus der Bibel ist sie auch als „Gebot der Nächstenliebe“ bekannt, das gewöhnlich mit den Worten zitiert wird: „Du sollst deinen Nächsten lieben wie dich selbst!“ Wörtlicher aus dem hebräischen Urtext (Leviticus/3. Buch Mose 19,18) übersetzt, der vor zweieinhalbtausend Jahren von jüdischen Weisen niedergeschrieben wurde, lautet es: „Tu Liebes deinem Nächsten, denn er ist deinesgleichen!“

Nur weil sich bis heute so viele Menschen aller Weltanschauungen, Religionen und Kulturen an dieser Weisheit orientieren, ist die Menschheit noch nicht untergegangen ... Nicht auszudenken, wie die Welt aussähe, im Kleinen wie im Großen, würden *alle* sie im Herzen haben ...

(3.) *Halt geben kann nur „das Letzte".* Diese dritte Grundweisheit hatte es immer schon schwer, zum „Polarstern" zu werden. Denn auf seiner Fahrt durchs Leben sucht der Mensch lieber Halt an „Stars" und „Sternchen", die ihm greifbarer sind. Damit aber macht er sich an „Vorletztem" fest, das selbst ins Wackeln und Wanken gerät, wenn es stürmt und turbulent wird.

Das „Letzte", das wirklich Tragende und Haltgebende, kann nur die Realität sein, die die Welt als ganze trägt: die Wirklichkeit, der wir es verdanken, dass überhaupt alles da ist, was da ist. Und diese Wirklichkeit tritt nur aus der Herzenstiefe in unser Bewusstsein. Um sie zu vernehmen und sie mit dem Verstand als „Urgrund allen Daseins", als „Höchstes" – oder eben „Letztes" – erkennen zu können, braucht es mehr Aufmerksamkeit, als es im Alltagsgetriebe und bei Stammtisch-Diskussionen möglich ist: Es braucht das kontemplative Hören des Herzens auf das, was nur leise und wortlos von der „tiefsten Stelle" unseres Inneren her – auf mystische Weise – in unser Bewusstsein hinaufsteigt.

Solche Weisheiten ins Denken und Fühlen mit einzubeziehen, macht die *spirituelle Intelligenz* aus. „Spirituell" ist ein Mensch, der sich nicht von „Lust und Laune" leiten lässt, nicht von dem, was „alle machen", nicht von Wünschen und Begehrlichkeiten, auf die er fixiert ist, sondern sich an einem Geist orientiert, der *auf das Menschliche, das Wahre, das Liebevolle und Mitmenschliche* weist.

Die rationale, die emotionale und die soziale Intelligenz brauchen die spirituelle Intelligenz, um menschlich, einfach nur menschlich und mitmenschlich von einem Ufer zum anderen zu segeln. – Das spirituelle wie auch das religiöse Leben wiederum brauchen die rationale, emotionale und soziale Intelligenz, um eine echte Weisheit von esoterischem und abergläubischem Gerede zu unterscheiden, echtes Berührtsein durch die Wirklichkeit Gott von frömmelnder Gefühlsduselei und echte Innerlichkeit von egozentriertem Für-sich-sein-Wollen.

Welcher Geist leitet *mich*? Welchem „Polarstern" folge *ich*? So zu fragen – und nie damit aufhören, so zu fragen –, ist höchst intelligent. Kleinere Ansprüche sollten wir an unseren Lebensstil nicht stellen.

6. Vom „ich“ zum „du“ zum „wir“

Es tut gut, wenigstens hin und wieder allein zu sein. Aber es ist grausam, einsam zu sein. Wir Menschen sind soziale Wesen, wir brauchen Beziehung zueinander – von einem Ich zum anderen Ich, von einem Inneren zum anderen Inneren. Das mag eine Binsenweisheit sein, doch dass wir ihr mit unserem Lebensstil entsprechen, ist alles andere als selbstverständlich.

Der Schritt von meinem Ich hin zum Ich eines anderen geschieht, indem ich „du“ zu diesem anderen sage und mit dem „du“ ihn wirklich meine – wirklich *ich* wirklich *ihn*.

Wann wir ein solches „du“ zum ersten Mal gesprochen und wann zum ersten Mal gehört haben, wissen wir alle nicht mehr. Sicher ist, dass wir es früher gehört als gesprochen haben; das „du“, das *mich* meinte, war eher da als das „du“, mit dem *ich* jemanden meinte. – Nur wer sich von einem anderen Ich wahrgenommen, wohlwollend angeschaut und persönlich gemeint weiß, wer so auch andere anschaut und sie in ihrer Persönlichkeit meint, kann das Gefühl entwickeln, ganz er selbst zu sein. Das „du", mit dem *mich* jemand meint, macht mir bewusst, dass ich *ich* bin; das „du", mit dem *ich* jemanden meine, macht mir bewusst, wer der andere ist. Im „du"-Sagen zueinander machen wir die Erfahrung, dass wir weder uns selbst genügende Egoisten noch einsame Einzelgänger sein müssen, sondern der Mitmenschlichkeit bedürftige und zur Mitmenschlichkeit fähige Wesen sind. Menschen eben.

„Der Mensch wird am Du zum Ich" und *„Alles wirkliche Leben ist Begegnung"* lauten zwei viel zitierte Sätze, in die der jüdische Gelehrte Martin Buber (1878–1965) diese „Binsenweisheit" kleidete.

Aus dem Ich wird dann ein *Wir*: ein „du und ich", ein „du und du und du ... und ich": nicht ein Wir, hinter dem sich das Ich versteckt oder gar darin nur mitschwimmt, sondern ein Wir, in dem das Ich auch „ich“ sagt. – Wir brauchen dieses Miteinander und Füreinander im Wir. Nicht nur um „gemeinsam stark zu sein“, sondern auch um authentisch Ich zu sein und es immer mehr zu werden.

Und glücklich zwei Menschen, die über die Begegnung von Innerem zu Innerem hinaus einander auch im *Tiefinnersten* erkennen! Sie erleben sich als „wie füreinander geschaffen“, dieser eine für diesen einen anderen. Und manche von ihnen machen dabei die Erfahrung, dass sie einander *gegeben* sind – von der größeren Wirklichkeit, die sie von ihrem Tiefinnersten her erahnen und erspüren.

Was ist das, was aus diesem Tiefinnersten in unser Bewusstsein treten kann – das, was wir dann und wann mystisch „spüren“ und als die größere, die göttliche Wirklichkeit erahnen können? Ein Etwas – oder ein Wer, ein göttliches Ich?

Auch diese Frage lässt sich nur mit Vernunft und *Verstand* beantworten. Die Vernunft allein „vernimmt" nur, was sie da aus dem Innersten des Herzens kommend erspürt und erahnt. Der Verstand kann dann fragen: Soll denn die Kraft, die alles, was da ist, ins Dasein setzte, nur ein bewusstseinloses Etwas sein? Muss sie nicht mindestens – und noch viel mehr – zu dem fähig sein, wozu der Mensch, den sie als höchste Lebensform, als *Person*, hervorgebracht hat, fähig ist: zum „ich"-Sagen? – Die Autoren der Bibel haben den „Urgrund" der Welt von Anfang an, seit sie ihn erkannt hatten, so verstanden. Die Vorstellung, der Urgrund allen Daseins sei ein Etwas, eine „Kraft" oder „Energie" nur, wiesen sie mit dem Argument zurück: „Sollte der nicht hören, der das Ohr gepflanzt hat, sollte der nicht sehen, der das Auge geformt hat?" (Psalm 94,9).

Wenn aber dieser „Höchste“ oder „Letzte“ von sich „ich“ sagen kann, dann kann er auch „du“ sagen, auch zu mir und zu dir.

Hat dann womöglich dieser personhafte Gott, der „dritte Partner“ neben Mutter und Vater bei meiner Geburt, das erste „du“ zu mir gesagt und damit mich, wirklich *mich* gemeint? Sagt dann also der, der in meinem Tiefinnersten anwesend ist und von dort her gelegentlich – wie ein Anrühren und Grüßen – in mein Bewusstsein tritt, *Tag um Tag* sein „du“ zu mir und sein „ihr“ zu uns, ein Leben lang?

Ist dann womöglich das, was ich als „Eingebung“ und „Erleuchtung“, als „Inspiration“ und „Angesprochensein von Weisheit“ erfahre, *seine* „Sprache“, hineingesprochen von seinem göttlichen Ich in mein menschliches Ich, von seinem Geist hinein in meinen Geist?

Und wäre es dann nicht an mir, sein „Grüßen“ zu erwidern, also auch von mir zu ihm hin „du“ zu sagen – zu dem Großen und Geheimnisvollen und doch so Nahen hin –, ihm „zuzuhören“ und vor allem: ihm zu vertrauen?

Ich persönlich lebe so. Jedenfalls will ich so leben. Auch das „du“-Sagen zu *Gott* gehört zu dem Lebensstil, zu dem ich im Laufe meiner Jahre gefunden habe. Ich setze darauf, dass Gott da ist als göttliches *Ich*; ich rede mit ihm und bin darum bemüht, auf Weisheit zu achten, durch die er zu mir „redet“. Für mich ist das erst *„wirkliches Leben“*. Ich lerne es nicht zuletzt bei Jesus von Nazaret, der mir zum wichtigsten Lehrmeister – besser gesagt: zum *Leb*meister – dieses Lebensstils geworden ist.

Vermutlich ist das „du“-Sagen, das In-Beziehung-Treten von einem Ich zum anderen Ich, das Schwierigste auf unserem Weg zwischen Geburt und Sterben. Wohl auch deshalb, weil mit jedem anderen Ich eine neue „Welt“ auf uns zukommt, jedenfalls ein neuer, anderer Blick auf die Welt, der uns verändert ... Aber gerade das macht uns reich. Auch wenn wir dabei einander viel schuldig bleiben; und aneinander schuldig werden.

Hinter dieses „wirkliche Leben“, das auch mir nur unvollkommen gelingt, möchte ich nicht mehr zurück, und weil es mir selber so viel bedeutet, wünsche ich jedem Menschen diesen Lebensstil.

7. Nicht dem Ende, sondern einem Ziel entgegenleben

Unsere Lebensspanne zwischen Geburt und Sterben ist ein Teil – ein sehr kleiner Teil – der Menschheitsgeschichte, ja der Geschichte des Lebens überhaupt. Es gibt ein „vor uns“ und ein „nach uns“. Nur machen wir uns das *in unserem Inneren* selten bewusst.

Was wir über vergangene Jahrtausende wissen, nehmen wir wie einen Historienfilm wahr, der sich auf dem Bildschirm abspielt. Und die Zukunft der Menschheit wäre in unseren Herzen wohl so gut wie gar nicht von Bedeutung, wären da nicht die immer spürbarer werdenden Folgen des Klimawandels und die gegenwärtig sehr besorgniserregenden politischen und wirtschaftlichen Turbulenzen. Wir leben in unserer Zeit, als gäbe es nur sie, denken vorausblickend noch an die der Kinder und Enkel, rückblickend vielleicht noch an die unserer Eltern und Großeltern.

Die uralte Frage „Woher kommen wir und wohin gehen wir?“ interessiert, realistisch betrachtet, *existenziell* eher wenige Menschen. Doch wie die Um-Welt in unserem Denken und Fühlen zu unserer Mit-Welt werden muss, so müssen die Vor- und die Nach-Geschichte zu unserer *Mit*-Geschichte werden – sonst leben wir, als Ich und als Wir, ohne Wurzeln. Und ohne Ziel.

Wahr ist in der Tat: Unsere Lebenszeit ist begrenzt. Wie jung oder alt wir auch sind: Wir werden sterben; lediglich das Datum wissen wir nicht. Und das bedeutet: Wir leben einem Ende entgegen. Das Ende aber macht, sobald es sich nicht mehr aus dem Inneren verdrängen lässt, alles *relativ*. Auch die Ziele *vor* dem Ende, die wir uns stecken. Auch den Sinn, den wir in der Erfüllung unserer Aufgaben und Pflichten finden oder im Engagement für eine gute Sache. Nichts scheint folglich Wert zu haben auf Dauer, auch unser In-Beziehung-Sein im Ich-Du und im Wir nicht.

Es bleibt uns letztlich, ob wir es uns eingestehen oder nicht, nur die Alternative: Flucht in die Arbeits-, Geltungs- und Genusssucht, um dadurch das Ende auszublenden – oder, in den Ich-Du-Beziehungen vor allem, ein Leben mit angezogener Handbremse, damit es nicht zu weh tut, wenn wir eines Tages einander, du mich oder ich dich, entbehren müssen ...

Einem solchen Leben, das alles andere als „wirkliches Leben" ist, kann nur entkommen, wer die eigene Lebenszeit in ein Davor und ein Danach eingebettet weiß.

Unsere jetzige Zeit hat ein Davor. Dass wir heute da sein, leben und lieben können, verdanken wir – um wenigstens auf die nur ein paar Jahrhunderttausende alte Geschichte der *Menschheit* zu schauen – ungezählten anderen vor uns. Dank ihres Daseins müssen wir heute nicht „das Rad neu erfinden". Sie alle waren Menschen wie wir mit einem Inneren wie unserem. *Bis in ihre Herzen hinein* reichen unsere Wurzeln.

Sich in diese Menschen einzufühlen, ihnen dankbar zu sein und sie als unsere *Mit*-Menschen zu betrachten, macht es möglich, dass wir auch die Menschen *nach* uns und nach unseren Enkeln als *Mit*-Menschen empfinden. Und dann erst haben wir ein Ziel vor Augen, das vom Ende unserer eigenen Lebenszeit *nicht* relativiert wird: Wir können dann so leben und uns so engagieren, dass auch diesen Menschen ein Lebensraum auf unserer Erde – unserer Lebenswurzel Erde! – zur Verfügung steht, in dem dann auch *sie* ihre Lebensspanne zwischen Geburt und Sterben menschenwürdig gestalten können.

Dann erst leben wir nicht dem Ende, sondern einem Ziel entgegen. Und dann erst ist unser Lebensstil ein *Lebensstil mit Zukunft*.

Wer so denken und empfinden – und entsprechend handeln – kann, findet zu einer Erfahrung von Lebensqualität, wie man sie wirklich nur jedem Menschen wünschen kann.

Vielen genügt das. Mir persönlich nicht. Denn es bleibt doch dann noch immer das Ende, *mein* Ende, das „Aus und vorbei" *nach dem Sterben*. Und vor allem: das Ende der *anderen*, das „Aus und vorbei" nach *ihrem* Sterben: das Ende unseres „ich und du", das Ende unseres „wir". Sollte es wirklich keine Zukunft geben über das Sterben hinaus – Zukunft *auch für uns*?

Ich weiß, dass nichts an uns unsterblich ist; nichts, aber auch gar nichts. Auch unser Bewusstsein, unsere Seele, unser Herz, unser Ich – unser Inneres – nicht. Von Natur aus jedenfalls nicht.

Aber könnte es nicht sein, dass der, den ich an der tiefsten Stelle meines Inneren dann und wann als anwesend spüre, jener „Dritte", der an meiner Geburt beteiligt war – an diesem

Wunder der Geburt! –, uns und mich für immer will? Könnte es nicht sein, dass der, der alles, was da ist, ins Dasein setzte, uns und mich und unser „du und ich" im Dasein *erhalten* will auch über das Sterben unserer Natur hinaus?

Ich persönlich baue darauf. Wenn schon meine Geburt und die Tatsache, dass ich da bin, ein so höchst erstaunliches „Wunder" ist, wie sollte dann nicht auch im Sterben das höchst erstaunliche „Wunder" einer „neuen Geburt" möglich sein? Ich gehe davon aus, dass dieser Gott mich nach dem Sterben, im ersten Moment des Tot-Seins, mit einem „Du, Reinhard!" aufwecken wird zu einer neuen Art des Daseins, seinem Dasein ähnlich – mich, wirklich *mich*; und dich, wirklich *dich*; uns, unser „ich und du" und unser „wir".

Und das macht etwas mit mir. Es ist, sobald ich mir diese Zukunft mal wieder bewusst mache, als würde ich jetzt schon leben, was nach dem Sterben sein wird. Alles, was ich jetzt tue, hat dann „Ewigkeitswert“. Auch unser „du und ich“ ist nicht mehr vom Ende überschattet: Es braucht keine Handbremse mehr; es braucht nur den Blick auf *den* „Polarstern“, der als „Stern von Betlehem“ vor uns herzieht – nicht nur auf dein und mein Sterben zu, sondern durch das Sterben hindurch in eine gemeinsame unvorstellbar große Zukunft hinein.

Wir gehen gerade wieder einem Weihnachtsfest entgegen, während ich dieses Büchlein schreibe. Viele Menschen, bei Weitem nicht nur Christen, werden es feiern – mit ihren Familien und ihren Lieben, ihren Eltern und Großeltern, ihren Kindern und Enkelkindern. Auch meine Weggefährten im *Jenaer Freundeskreis* zum Beispiel und meine konfessionslosen Freunde von nebenan in der Karl-Marx-Straße ... Ist es nicht gerade das Weihnachtsfest, das Jahr für Jahr in uns die Sehnsucht weckt – von innen her und einfach nur menschlich – nach einem *Lebensstil mit Zukunft*?